MA BOITE A OUTILS SOPHRO

ANTI-STRESS

50 EXERCICES PRATIQUES

MA BOITE A OUTILS SOPHRO

ANTI-STRESS

50 EXERCICES PRATIQUES

Stéphanie HAUSKNECHT

©2020, Stéphanie Hausknecht
Edition : BoD – Books on Demand
12/14 rond-point des Champs Elysées, 75008 Paris
Imprimé par Books on Demand GmbH, Norderstedt, Allemagne
ISBN : 9782322221080
Dépôt légal : avril 2020

PREFACE

Cet ouvrage comporte 50 exercices de sophrologie simples à pratiquer afin de vous sentir bien et d'éliminer toutes les tensions et toutes les pressions.

5 thèmes anti-stress sont abordés comprenant chacun 10 exercices : Le lâcher-prise, s'apaiser, rester positif, bien dormir et trouver l'équilibre.

Ils vont vous aider au quotidien pour affronter les situations difficiles, les petits soucis comme les périodes plus compliquées, ils vont vous permettre de vous sentir plus serein, de mieux vous maîtriser pour ne pas vous laisser submerger par les émotions, le stress, la pression.

Plus vous pratiquerez ces exercices, plus ils seront efficaces rapidement et profondément.

N'hésitez pas à tous les essayer et ne gardez que ceux que vous préférez, ceux avec lesquels vous êtes le plus à l'aise, ceux qui vous apportent le plus de bien-être.

Il vaut mieux que vous n'utilisiez que quelques exercices souvent plutôt que tous seulement une ou deux fois.

Adaptez-les aux situations si vous souhaitez rester discret et appropriez-les-vous.

N'oubliez pas que c'est un travail de ressenti, soyez à l'écoute de vos sensations corporelles et soyez attentif à tous les effets positifs qu'ils vous procurent.

Je vous souhaite à tous une belle vie, calme et sereine.

SOMMAIRE

LACHER PRISE 9

S'APAISER 35

RESTER POSITIF 55

BIEN DORMIR 69

TROUVER L'EQUILIBRE 87

LACHER PRISE

Pratiqués régulièrement, ces exercices permettent de prendre du recul, laisser de côté ce qui nous empêche d'aller bien, accepter de ne pas pouvoir tout contrôler et d'éviter de somatiser.

➢ **Souffler dans la boîte**

Cet exercice de visualisation permet de prendre du recul face à une situation difficile, d'atténuer les émotions douloureuses.

- ❖ Repensez à une scène en particulier qui évoque des sentiments qui ne sont pas agréables et dont il est difficile de se détacher. Une situation qui ne va pas actuellement, qui dérange ou qui perturbe.

- ❖ Puis imaginez qu'à chaque expiration, toutes les émotions négatives viennent se placer dans une petite boîte.

- ❖ Inspiration profonde par le nez, expiration par la bouche : Soufflez toutes les pensées négatives, vous vous libérez de tout le poids sur votre cœur, de tout le poids sur vos épaules, de cette éventuelle boule au ventre.

- ❖ Recommencez une seconde fois : Inspiration profonde, expiration totale.

- ❖ Et imaginez maintenant que vous remplissez cette boîte de toutes les émotions négatives. Ressentez que tous ces sentiments qui ne sont vraiment pas agréables s'éloignent de plus en plus.

- ❖ Puis une troisième fois : Inspirez profondément puis expirez totalement et libérerez-vous complètement de toutes ces sensations qui dérangent et qui perturbent.

- ❖ Continuez jusqu'à temps que tous les sons, les couleurs, les odeurs de cette situation diminuent de plus en plus. Jusqu'à temps que les sons deviennent à peine audibles, que les couleurs deviennent de plus en plus claires, et que les odeurs s'estompent.

- ❖ Puis lorsque la boîte est pleine, et que les sons de cette situation ne sont plus audibles, que les couleurs ne sont plus visibles et que les odeurs ont complètement disparues, faites une pause.

- ❖ Prenez le temps de ressentir les nouvelles sensations, peut-être du vide, peut-être autre chose. Percevez la prise de distance, la légèreté, peut-être même une sensation de flottement, de liberté, ou de bien-être tout simplement.

❖ Concentrez-vous et amplifiez au maximum toutes ces sensations agréables, en y attachant de l'importance, vous les développez à l'intérieur de vous, vous les ancrez, puis ressentez la nouvelle direction à prendre.

> **<u>Densité des bras</u>**

Cet exercice de conscience de la densité des bras est utilisé notamment pour développer sa capacité d'adaptation.

❖ En position assise, prenez une inspiration par le nez.

❖ Bloquez la respiration et tendez le bras droit devant vous à l'horizontal.

❖ Faites une pause d'intégration.

- Abaissez votre bras doucement en soufflant par la bouche.

- Reprenez votre respiration naturelle et faites une nouvelle pause d'intégration.

- Puis vous recommencez avec le bras gauche :

- Inspirez profondément, et bloquez la respiration.

- Tendez le bras gauche devant vous à l'horizontal.

- Faites une pause d'intégration.

- Abaissez votre bras doucement en soufflant par la bouche.

- Reprenez votre respiration naturelle et faites une nouvelle pause d'intégration.

Observez les sensations dues aux mouvements lents de vos bras. Ressentez le poids, le volume de vos bras.

> **Densité des jambes**

C'est une variante de l'exercice précédent.

- ❖ En position assise, prenez une inspiration par le nez.

- ❖ Bloquez la respiration et tendez la jambe droite devant vous à l'horizontale.

- ❖ Faites une pause d'intégration.

- ❖ Abaissez doucement votre jambe en soufflant par la bouche.

- ❖ Reprenez votre respiration naturelle et faites une nouvelle pause d'intégration.

- ❖ Puis vous recommencez avec la jambe gauche :

- ❖ Inspirez profondément, et bloquez la respiration.

- ❖ Tendez la jambe gauche devant vous à l'horizontale.

- ❖ Faites une pause d'intégration.

- ❖ Abaissez doucement votre jambe en soufflant par la bouche.

- ❖ Reprenez votre respiration naturelle et faites une nouvelle pause d'intégration.

Observez les sensations dues aux mouvements lents de vos jambes. Ressentez le poids, le volume de vos jambes.

➢ **<u>Voyage vers le soleil</u>**

Cet exercice permet d'apprendre à prendre du recul face aux situations difficiles et de puiser toute l'énergie, la force et les ressources intérieures nécessaires pour les affronter.

- ❖ Mettez-vous assis ou allongé, les yeux fermés.

- ❖ Ressentez votre corps s'alourdir, prenez quelques instants pour vous concentrer sur chaque membre, chaque partie de votre corps qui devient plus pesante.

- ❖ Et laissez votre esprit devenir de plus en plus léger. Laissez-le s'élever tranquillement de plus en plus haut.

- ❖ De là où vous vous trouvez, vous pouvez voir la pièce dans laquelle vous êtes.

- ❖ Montez encore un peu plus haut et visualisez votre immeuble ou votre maison puis le quartier tout entier.

- ❖ Vous vous élevez davantage et vous apercevez la ville et ses environs.

- ❖ Continuez de monter et visualisez toute la région, toutes les formes : les maisons, les routes, les collines, peut-être des étendues d'eau.

- ❖ Voyez le monde comme si vous étiez un oiseau, en toute sécurité.

- ❖ Puis vous continuez à vous élever dans le ciel et maintenant vous voyez le pays, les frontières, les continents et les océans.

- ❖ Vous montez encore, vous traversez les nuages et vous voyez maintenant toute la sphère terrestre. Prenez le temps de l'observer.

- ❖ Faites une pause d'intégration pendant 1 minute.

- ❖ Puis votre voyage se poursuit, vous flottez dans l'espace. Vous respirez bien, vous n'avez pas besoin de combinaison.

- ❖ Vous distinguez les étoiles et plus loin encore les planètes du système solaire.

- ❖ Tournez-vous vers le soleil, vous n'êtes pas ébloui. Vous l'admirez et il vous attire de plus en plus.

- ❖ Vous vous dirigez vers le soleil, vous croisez Venus et Mercure. Tout est si magnifique.

- ❖ Vous continuez votre voyage, vous vous approchez du soleil, vous vous sentez bien, vous allez bientôt l'atteindre. Il grandit de plus en plus. Vous sentez sa chaleur mais il ne vous brûle pas.

- ❖ Vous entrez maintenant à l'intérieur du soleil. Vous vous sentez parfaitement bien. Ressentez sa force, son énergie, sa vitalité. Absorbez toutes les sensations positives. Devenez ce soleil maintenant.

- ❖ Faites une pause d'intégration pendant 1 minute pour vous laisser le temps d'absorber toutes les sensations positives.

- ❖ Puis vous quittez doucement ce soleil, vous repartez dans l'autre sens. Vous croisez de nouveau Mercure puis Venus.

- ❖ Vous vous arrêtez quelques secondes devant la terre pour l'admirer une nouvelle fois.

- ❖ Vous pensez à emporter avec vous la force et l'énergie du soleil.

- ❖ Vous rentrez chez vous avec un sentiment de paix intérieure, vous redescendez, vous voyez le sol qui s'approche, les contours du pays puis de la région.

- ❖ Vous commencez à ralentir, vous apercevez la ville, le lieu où vous vous trouvez, vous êtes dans votre maison, lentement vous revenez dans la pièce et vous retournez dans votre corps qui est complètement détendu.

❖ Faites une nouvelle pause d'intégration d'une minute en imaginant que vous diffusez dans chaque cellule de votre corps toutes ces sensations de bien-être : l'énergie positive, la force, la vitalité, la paix intérieure, la sérénité.

❖ Puis tranquillement, faites des petits mouvements avec votre tête de droite à gauche et de gauche à droite, vous remuez le bout des doigts et le bout des pieds et à votre rythme vous pouvez ouvrir les yeux.

➢ **Etirements latéraux**

Cet exercice permet de prendre conscience des limites du corps.

- ❖ Placez-vous debout, le dos droit, les pieds écartés de la largeur du bassin, les bras le long du corps et fermez les yeux.

- ❖ Prenez conscience de la verticalité de votre corps, des pieds jusqu'à la tête.

- ❖ Puis vous entrecroisez les doigts de vos mains.

- ❖ Vous inspirez en levant les bras au-dessus de votre tête.

- ❖ Vous bloquez votre respiration.

- ❖ Vous vous penchez à droite en vous étirant.

- ❖ Prenez conscience de l'étirement et des limites de votre corps.

- ❖ Vous soufflez et vous revenez tranquillement dans la position initiale.

- ❖ Puis une deuxième fois, toujours à droite.

- ❖ Et une troisième fois encore à droite.

- ❖ Vous relâchez les bras le long du corps et vous faites une petite pause de 30 secondes pour vous laisser le temps d'accueillir toutes les sensations positives.

- ❖ Puis vous entrecroisez les doigts de vos mains.

- ❖ Vous inspirez en levant les bras au-dessus de votre tête.

- ❖ Vous bloquez votre respiration.

- ❖ Vous vous penchez à gauche en vous étirant.

- ❖ Prenez conscience de l'étirement et des limites de votre corps.

- ❖ Vous soufflez et vous revenez tranquillement dans la position initiale.

- ❖ Puis une deuxième fois, toujours à gauche.

- ❖ Et une troisième fois encore à gauche.

- ❖ Vous relâchez les bras le long du corps et vous faites une petite pause de 30 secondes pour laisser le temps au corps d'intégrer tous les bénéfices de l'exercice.

> **<u>Conscience de la liberté</u>**

Cet exercice permet de se libérer des préjugés, du jugement des autres et d'être libre d'être soi.

- ❖ En position assise, vous fermez les yeux.

- Vous inspirez profondément par le nez en basculant la tête légèrement en arrière.

- Vous bloquez la respiration en contractant légèrement tout votre corps.

- Vous expirez par la bouche en ramenant votre tête dans sa position initiale et en relâchant le corps.

- Vous laissez passer quelques secondes en observant la détente et les sensations de relâchement dans tout votre corps.

- Renouvelez cette respiration une deuxième fois, puis une troisième fois.

- Maintenant concentrez-vous sur le fait d'exister librement. De faire ses propres choix.

- Déterminez quel est votre espace de liberté actuel,

repérez ce qui vous empêche d'agrandir cet espace, ce qui vous pose des limites et des limites que vous vous posez peut-être vous-même. Prenez tout votre temps pour les identifier clairement.

❖ Faites encore 3 respirations, comme au début, en basculant la tête en arrière à l'inspiration, en bloquant et en contractant légèrement le corps, puis en redressant la tête à l'expiration.

❖ Faites une pause d'intégration, votre conscience s'évade librement.

❖ Maintenant élargissez votre angle de vue, et prêtez attention à votre place dans ce monde. Elargissez encore et pensez à votre place dans l'univers. Prenez conscience que vous y avez votre place.

- ❖ Visualisez à votre façon votre espace de liberté. Renforcez-le et élargissez-le.

- ❖ Prenez une grande inspiration qui vous apporte courage et énergie.

- ❖ Commencez à remuer le bout des doigts, le bout des pieds et à votre rythme, vous pouvez ouvrir les yeux.

➢ **<u>Exercice sur les 5 sens</u>**

Installez-vous en position assise et prenez conscience de vos points d'appui. Relâchez toutes les tensions inutiles dans votre corps.

- ❖ **La vue :** Frottez vos mains l'une contre l'autre pour les réchauffer. Posez vos mains sur vos yeux sans appuyer et accueillez toutes les sensations de chaleur. Puis écartez un peu les doigts, tournez la tête pour percevoir les différences de luminosité. Vous pouvez jouer avec la lumière en écartant plus ou moins les doigts. Reposez les mains en gardant les paupières fermées et laissez les sensations positives s'intégrer.

❖ **Le toucher :** Posez les mains sur le sommet de votre tête et touchez votre crâne et vos cheveux. Laissez vos mains glisser sur votre visage, prenez conscience de votre peau. Vous pouvez toucher vos vêtements, prenez conscience de leur texture, touchez vos mains. Ressentez les différences de textures et de température. Prenez conscience du contact des vêtements sur votre peau, de l'air ambiant sur les parties découverte de votre corps. Vous pouvez toucher votre siège ou quelque chose qui se trouve à votre porté. Prenez conscience des matériaux, des volumes, des formes et de la température.

❖ **L'ouïe :** Concentrez-vous sur les bruits autour de vous. Vous posez les coudes sur vos cuisses ou vos genoux puis vous posez les paumes de vos mains sur les oreilles et vous laissez venir les sons en appuyant plus ou moins fort avec l'une ou l'autre main. Puis vous appuyez davantage et vous écoutez toujours les bruits intérieurs. Vous pouvez laisser venir à vous une petite phrase musicale, une chanson, une musique que vous aimez. Prenez le temps d'intégrer tous ces bruits intérieurs et extérieurs dans votre position de confort.

❖ **L'odorat :** Inspirez et prenez conscience de la différence de température de l'air qui est plus frais à l'inspiration, et plus chaud à l'expiration. Vous vous concentrez sur ce que vous pouvez sentir, peut-être que vous pouvez percevoir des odeurs, des parfums, plus ou moins agréable. Vous pouvez boucher une narine, comment percevez-vous les parfums ? Puis vous débouchez cette narine, et vous bouchez l'autre narine. Est-ce que les odeurs sont différentes ? Laissez venir à vous une odeur ou un parfum que vous aimez puis laisser cette odeur ou ce parfum s'estomper et toutes les sensations positives s'intégrer.

❖ **Le goût :** Portez votre attention sur votre bouche et vous goûtez l'intérieur de votre bouche avec votre langue, le palais, l'intérieur des joues, les dents. Vous prenez conscience du goût de votre salive. Puis vous retrouvez le goût d'un aliment que vous aimez et vous laissez toutes les sensations positives s'intégrer.

Maintenant vous pouvez accueillir la présence des 5 sens dans votre corps et des organes qui y sont associés. La peau qui vous protège et vous délimite, qui vous met en contact avec l'extérieur. Les oreilles, le nez et la bouche qui sont à la fois des zones intérieures et des zones de contact. Vous prenez quelques instants pour intégrer les sensations positives engendrées par tous vos sens en éveil.

➢ **Le ballon**

Cet exercice très court permet de se détourner très rapidement de tout ce qui peut vous perturber.

❖ Installez-vous un moment au calme, en position assise ou debout, les pieds bien à plat sur le sol, le dos droit et vous fermez les yeux.

❖ Inspirez profondément, bloquez l'air quelques instants et sentez votre ventre se gonfler comme un ballon.

- ❖ Visualisez ce ballon, sa taille, sa couleur.

- ❖ Puis expirez et visualisez ce ballon se dégonfler.

- ❖ Pratiquez cette respiration consciente pendant quelques minutes en visualisant votre ballon.

A la fin de l'exercice, laissez passer 30 secondes, le temps de laisser le corps intégrer tous les bénéfices de l'exercice.

➢ **Les sacs**

Cet exercice permet de se libérer de ses soucis et de se recentrer sur soi.

- ❖ Mettez-vous en position debout, les pieds dans l'alignement du bassin, la tête droite et vous fermez les yeux.

- ❖ Vous inspirez profondément.

- ❖ Vous bloquez la respiration, et vous serrez les poings.

- ❖ Vous imaginez tenir dans vos mains des grands sacs en papier remplis de toutes les pensées et inquiétudes qui vous empêchent de vous sentir bien dans le moment présent.

- ❖ Puis vous soufflez en penchant la tête vers le bas et en ouvrant les mains pour lâcher les sacs.

- ❖ Laissez les mains relâchées le long du corps et accueillez toutes les sensations.

- ❖ Prenez conscience d'avoir largué des poids, de vous sentir plus léger mentalement et physiquement.

Refaites l'exercice jusqu'à temps de vous sentir mieux, plus léger, libéré des sensations négatives.

> **La montgolfière**

Cet exercice aide à prendre du recul et de la hauteur vis à vis des préoccupations quotidiennes.

❖ Installez-vous confortablement et fermez les yeux.

❖ Imaginez que vous montez dans une montgolfière. Le ballon s'élève lentement dans le ciel au rythme de votre respiration, calme et tranquille.

❖ Concentrez votre regard sur l'horizon. La vision est apaisante et petit à petit vous sentez que vous lâchez prise.

❖ Vous continuez de prendre de la hauteur, de la distance et vous avez la sensation d'être de plus en plus léger.

❖ Vous flottez dans ce magnifique ciel, vous observez tout le dégradé de bleu qui vous entoure, qui vous apaise. Vous vous sentez bien.

❖ Vous relâchez toutes vos pensées négatives pour qu'elles s'envolent le plus loin possible.

Faites une pause d'intégration pour laisser le temps au corps d'intégrer tous les effets positifs de l'exercice.

S'APAISER

Ces petits exercices ont pour objectif de s'apaiser, de maîtriser ses émotions, d'éliminer ses tensions intérieures.

➢ **<u>Lieu refuge</u>**

Cet exercice va vous aider à vous sentir rapidement en sécurité, à retrouver le calme intérieur et à vous détacher rapidement de toute sensation de mal-être.

❖ Installez-vous confortablement et fermez les yeux.

❖ Visualisez un lieu naturel où vous vous sentez en confiance et en sécurité. Un lieu que vous connaissez, que vous vous remémorez ou bien un endroit complètement imaginaire.

❖ Prenez le temps d'aménager cet espace mentalement comme vous le souhaitez. Vous y ajoutez tout ce qui vous rassure et tout ce qui vous rend confiant. Cela peut-être des personnes que vous aimez, des objets auxquels vous êtes attachés, et même des animaux ou encore des personnages imaginaires.

- ❖ Admirez maintenant le lieu que vous avez créé, imprégnez-vous de ce lieu, de l'atmosphère sereine qui y règne.

- ❖ Visualisez-le encore, c'est votre lieu refuge.

- ❖ Ressentez toutes les sensations agréables, l'apaisement et la sérénité, respirez l'air pur de cet endroit, imprégnez-vous du calme qu'il vous inspire.

- ❖ Prenez conscience qu'à chaque fois que vous en aurez besoin vous pourrez visualiser cet endroit et trouver l'apaisement et la sécurité que vous recherchez.

Faites une pause d'intégration d'une minute pendant laquelle vous êtes attentif à toutes les sensations agréables.

> **Auto-libération**

Cet exercice permet de se libérer des douleurs et souffrances, de gagner en sagesse.

❖ Installez-vous en position assise et fermez les yeux.

❖ Imaginez que c'est la partie de vous, pleine de compassion, qui remplit tout l'intérieur de votre être.

❖ Imaginez maintenant que se trouve face à vous votre être, celui qui souffre, qui peut-être se sent seul, incompris voir en colère. Celui qui a une souffrance physique ou mentale.

- ❖ Observez cet être souffrant et prenez conscience de sa douleur.

- ❖ Ressentez de la tendresse, de l'amitié, et même de l'amour inconditionnel envers cet être en souffrance.

- ❖ Acceptez la souffrance de cette partie de votre être et comprenez-là.

- ❖ Ressentez maintenant l'envie de le libérer de cette souffrance, de transformer cette douleur.

- ❖ Imaginez sa douleur comme un nuage noir qui entoure cet être en souffrance.

- ❖ A chaque inspiration, vous absorbez ce nuage. Et dans votre corps ce nuage se dissipe au fur et à mesure qu'il entre en vous. Plus ce nuage se désintègre et plus votre source de sagesse s'intensifie, se met à briller. Elle brille de plus en plus jusqu'à devenir un magnifique soleil éclatant.

- ❖ En soufflant vous offrez à l'être en face de vous de la compréhension, de la joie, de l'amour, de la bienveillance, de la paix et toutes les émotions positives dont il a besoin.

- ❖ Poursuivez cet échange aussi longtemps que nécessaire.

- ❖ Détruisez complètement le nuage noir. Alimentez votre sagesse.

- ❖ L'être souffrant se libère progressivement de sa douleur et de sa détresse et se remplit de bien-être.

- ❖ Lorsqu'il n'y a plus de différence entre les deux êtres et que vous ne faites plus qu'un, vous cessez de les voir.

❖ Faites une petite pause d'intégration, le temps de laisser le corps intégrer qu'il s'est libéré de toutes ses douleurs et souffrances, ressentez le mieux-être.

➢ **La cascade**

Cet exercice permet de se libérer de toutes les tensions, les sensations d'oppression, et de se sentir apaisé.

❖ Debout ou assis, relâchez tout votre corps : votre visage, votre cou, vos épaules, vos bras, votre thorax, votre ventre, vos jambes. Respirez tranquillement avec le ventre.

❖ Laissez venir à vous l'image d'une magnifique cascade. Vous vous approchez de cette cascade. L'eau est à une température agréable, ni trop chaude, ni trop froide.

- ❖ Imaginez que vous vous placez sous la cascade, et ressentez l'eau ruisseler sur votre corps.

- ❖ Percevez l'eau sur votre visage, qui s'infiltre à l'intérieur de votre tête. Elle permet aux pensées parasites de s'évacuer. Laissez tout ce qui encombre votre mental s'évacuer vers le bas avec l'eau qui s'écoule. Laissez venir à vous des images positives et des sensations agréables.

- ❖ Laissez glisser l'eau le long de votre nuque, de votre cou, sur vos épaules, le long de vos bras, des mains jusqu'au bout des doigts en emportant toutes les tensions musculaires et les inconforts.

- ❖ Sentez l'eau s'écouler le long de votre colonne vertébrale, vos vertèbres se décontractent et vos muscles se détendent.

- ❖ L'eau continue de glisser sur le thorax. Toutes les sensations d'oppression, de poids sur le cœur, tout ce qui bloquait votre respiration est emporté par l'eau. La respiration devient plus ample, plus profonde, sans entrave.

- ❖ Puis l'eau poursuit son chemin sur l'abdomen, sur le ventre qui se détend, les organes digestifs, ils sont nettoyés par l'eau pure. Ressentez le bien-être, le calme, l'apaisement.

- ❖ Tout en continuant de respirer calmement et paisiblement, ressentez l'eau s'écouler le long du bassin et les tensions s'éliminer.

- ❖ Percevez l'eau descendre le long des jambes, les muscles des cuisses se relâchent complètement, les genoux sont nettoyés, les chevilles, les pieds, jusqu'au bout des orteils...

❖ Visualisez maintenant toute cette eau chargée de toutes vos tensions, de tous vos inconforts, de tout ce qui vous dérange, qui s'écoule vers le sol, qui s'évapore, qui disparait complètement, en laissant à la place des sensations de tranquillité et d'apaisement.

❖ Puis vous sortez de la cascade et vous laissez le soleil réchauffer votre corps. A chaque respiration, cette chaleur se diffuse de plus en plus et davantage dans tout votre corps, elle imprègne toutes vos cellules. Elle vous apporte toute l'énergie, la force et la vitalité dont vous avez besoin.

❖ Laissez passer quelques instants pour laisser toutes les sensations positives s'intégrer dans votre corps et dans votre esprit.

- ❖ Reprenez conscience de vos points d'appui tranquillement, commencez à bouger vos mains et vos pieds, visualisez la pièce dans laquelle vous vous trouvez et à votre rythme vous pouvez ouvrir les yeux.

> **Densité du corps**

Cet exercice permet d'évacuer les contrariétés.

- ❖ En position assise, vous fermez les yeux.

- ❖ Vous inspirez profondément par le nez en croisant les doigts derrière la tête.

- ❖ Vous bloquez la respiration et doucement vous vous étirez.

- ❖ Et encore un peu plus, vous étirez tout votre corps en entier.

- ❖ Vous reprenez votre position initiale et vous soufflez par la bouche.

Puis vous faites une pause d'intégration en observant toutes les sensations liées au relâchement. Vous prenez conscience de votre force et de la densité de votre corps.

Refaites cet exercice 3 à 5 fois et laissez le calme et l'apaisement s'installer en vous.

➢ **Respiration comptée**

Cet exercice permet de se concentrer sur sa respiration afin de ramener le calme face à une situation stressante.

Vous ajoutez un temps à chaque respiration :
- ❖ Inspirez en comptant jusqu'à 2.

- ❖ Soufflez en comptant jusqu'à 3.

- ❖ Inspirez en comptant jusqu'à 3.

- ❖ Soufflez en comptant jusqu'à 4.

Continuez jusqu'à la limite du confortable et recommencez.

➢ **Pression pulmonaire**

La pratique de cet exercice permet de décompresser dans les situations de stress.

En position debout :

- ❖ Poser vos pouces sur vos narines afin de les boucher.

- ❖ Inspirez par la bouche.

- ❖ Retenez l'air dans vos poumons et inclinez votre buste vers l'avant.

- ❖ Maintenant, faites monter la pression dans votre poitrine en essayant de souffler par le nez et en gardant vos narines bouchées.

- ❖ Ressentez les sensations dans vos tympans. Relâchez vos bras et expirez fortement par le nez.

- ❖ Respirez normalement et reprenez doucement votre position initiale.

Faites une pause d'intégration en observant le contraste entre la chaleur et la fraîcheur qui envahit vos narines. Prenez conscience du cheminement de l'air à travers votre nez.

> **<u>Ma bulle de sécurité</u>**

Cet exercice permet de se sentir protégé et en sécurité.

- ❖ Mettez-vous en position debout et fermez les yeux.

- ❖ Prenez conscience de la position de votre corps, de son poids, de son volume, de son équilibre, du contact de vos pieds avec le sol.

❖ Prenez quelques instants pour vous concentrer sur votre respiration, l'air plus frais à l'inspiration et plus chaud à l'expiration. Votre respiration devient plus calme et plus profonde.

❖ Puis vous inspirez en levant vos bras à la verticale et vous soufflez en baissant vos bras, comme pour tracer une bulle tout autour de vous.

❖ Une deuxième fois, vous inspirez en levant vos bras puis vous soufflez en baissant vos bras, et en tournant sur vous-même.

❖ Et une troisième fois, vous tournez dans l'autre sens.

❖ Ensuite vous faites venir à vous une couleur. Une couleur qui vous va bien, une couleur qui vous inspire, une couleur qui vous est agréable.

- ❖ Vous inspirez cette couleur profondément et vous la soufflez dans tout votre corps pour qu'elle imprègne chaque cellule, chaque organe, chaque os. Elle vous apporte le calme et la détente.

- ❖ Puis vous soufflez tout autour de vous pour colorer votre bulle dans laquelle vous vous sentez protégé, en toute sécurité.

- ❖ Dans cette bulle vous gardez uniquement ce qui est bon pour vous.

- ❖ Puis vous pouvez laisser venir une phrase, correspondant à votre état interne et vous la prononcez mentalement à chaque expiration : « je suis calme », « je suis détendu », « je me sens bien » …

- ❖ Puis vous inspirez encore plus profondément, vous bloquez votre respiration, vous effectuez une douce tension de tout votre corps et vous soufflez en relâchant.

- ❖ Et tranquillement, vous pouvez commencer à bouger vos pieds, vos mains, vous visualisez la pièce dans laquelle vous vous trouvez et à votre rythme vous pouvez ouvrir les yeux.

N'hésitez pas à refaire cet exercice à chaque fois que vous en ressentez le besoin.

> **Détente flash**

Pour retrouver l'apaisement en quelques secondes :

- ❖ Relâchez les tensions au niveau de la tête et du visage, lissez le front et desserrez les mâchoires.

- ❖ Relâchez les épaules.

- ❖ Relâchez les bras et les mains.
- ❖ Respirez profondément par le ventre.
- ❖ Relâchez les muscles fessiers.

> **Enrouler - dérouler**

Cet exercice rapide permet de se détendre en quelques secondes.

- ❖ Approchez vos mains de votre visage, inspirez et bouchez vos narines avec vos index.

- ❖ Suspendez votre respiration et enroulez lentement votre tête, vos épaules et votre colonne vertébrale.

- ❖ Relâchez vos mains et vos bras en respirant tranquillement, et laissez le haut de votre corps se détendre.

- ❖ Remontez doucement en déroulant votre colonne vertébrale et en prenant conscience du mouvement.

- ❖ Replacez vos épaules et votre tête dans l'axe de la colonne vertébrale.

- ❖ Puis inspirez en levant les bras.

- ❖ Bloquez votre respiration en étirant la colonne vertébrale. Prenez conscience de votre verticalité.

- ❖ Soufflez lentement et relâchez vos bras à l'horizontal comme pour repousser les murs puis laissez-les descendre le long de votre corps.

Laissez passer quelques instants et accueillez toutes les sensations agréables.

➢ **Le soufflet thoracique**

Cet exercice permet de soulager la sensation d'oppression dans la poitrine.

- ❖ Mettez-vous debout, les pieds écartés de la largeur du bassin, les genoux légèrement fléchis et la tête droite.

- ❖ Posez vos mains, poings fermés, sur le sternum.

- ❖ Inspirez par le nez en tirant vos coudes en arrière, et gardant vos épaules basses.

- ❖ Bloquez la respiration.

- ❖ Soufflez par la bouche en ramenant vos bras et vos mains dans leur position initiale.

Faites 1 à 3 séries de 3 à 5 respirations.

RESTER POSITIF

Ces petits exercices ont pour objectif de ne pas se laisser submerger par le négatif et les évènements difficiles.
Ils permettent d'affronter plus sereinement toutes les épreuves de la vie.

➢ **La couleur**

Cet exercice de visualisation axé sur la couleur vous donnera de la force mentale.

- ❖ Imaginez devant vous des taches de couleurs dansantes et virevoltantes. Passez-les en revue et attardez-vous sur celle qui attire le plus votre attention.

- ❖ Examinez-la et soyez attentif à vos ressentis.

- ❖ Si vous avez la sensation qu'elle vous correspond, elle sera la couleur liée à votre humeur du jour. Elle peut ainsi changer chaque jour.

Ne réfléchissez pas à votre couleur préférée et oubliez les connotations qui y sont associées. Cette couleur du jour vous donnera de la force mentale tout en vous accompagnant.

➢ **Les formes géométriques**

❖ Fermez les yeux et imaginez une forme géométrique devant vous d'une cinquantaine de centimètres (choisissez une forme simple comme un carré, un rectangle, un pentagone, un trapèze...).

❖ Laissez-la disparaître pour ne laisser qu'un point.

❖ Prenez une inspiration et soufflez pour former la première ligne, et ainsi de suite jusqu'à l'obtention de votre forme dans l'espace.

- ❖ Recommencez pour que chaque souffle épaississe les traits de votre forme.

Faites une pause d'intégration pour vous laisser découvrir à quel point le fait d'être concentré sur cette forme vous a vidé l'esprit...

➢ **<u>Conscience de la verticalité</u>**

Cet exercice permet de valoriser l'image de soi, se projeter de façon positive et stimuler la mémoire.

- ❖ Mettez-vous en position debout.

- ❖ Croisez vos doigts et posez vos mains sur votre tête.

- ❖ Inspirez par le nez et retenez l'air dans vos poumons.

- ❖ En soufflant par la bouche, vous laissez vos mains descendre devant vous tout doucement et dessiner un miroir dans lequel votre image va se refléter.

- ❖ Vous pouvez vous voir dedans, voir les changements qui ont eu lieu en vous.

- ❖ Laissez descendre vos mains jusqu'à vos pieds.

- ❖ Laissez votre respiration redevenir naturelle.

- ❖ Puis vous pouvez relâcher vos bras et progressivement dérouler votre corps pour vous redresser, en terminant par la tête.

Prenez le temps d'observer les sensations dues à cette projection de vous-même.

> **<u>S'imprégner du positif</u>**

❖ Fermez les yeux et pensez à votre entourage, les personnes que vous aimez, celles qui sont importantes pour vous.

❖ Remémorez-vous leur visage, leur sourire, leur apparence. Revivez le bonheur que ces personnes vous inspirent.

❖ Maintenant pensez à un objet auquel vous tenez, le premier qui vous vient à l'esprit.

❖ Rappelez-vous pourquoi vous tenez spécifiquement à cet objet. Revivez les sensations positives liées à cet objet.

❖ Puis portez votre attention au projet que vous avez pour les semaines à venir, et que vous réaliserez dans un futur proche.

❖ Sentez l'enthousiasme que ces projets engendrent et le

bonheur une fois qu'ils seront réalisés.

Faites une pause d'intégration pour vous imprégner de tout ce positif que vous venez de ressentir grâce aux personnes chères, aux objets qui vous rassurent et aux projets que vous souhaitez entreprendre.

➢ **Respiration 4-2-8**

Cette respiration permet de se détendre et d'éliminer les pensées parasites.

- ❖ Inspirez par le nez en comptant lentement jusqu'à 4 et en gonflant le ventre.

- ❖ Bloquez 2 secondes.

- ❖ Expirez par la bouche en comptant jusqu'à 8 et en laissant le ventre se dégonfler.

Faites 1 à 3 séries de 3 à 5 respirations en reprenant une respiration libre entre chaque respiration travaillée.

➢ **<u>Le coffre</u>**

Cet exercice de visualisation permet de se libérer de sa tristesse, de s'alléger.

- ❖ Fermez les yeux et imaginez un coffre qui représente votre tristesse. Un coffre qui contient tous les éléments responsables de cet état. Représentez-vous sa taille, sa couleur, son poids, sa forme, sa texture, sa matière…

- ❖ Visualisez-vous en train de marcher dans une forêt, et vous y trouvez un bosquet ou une clairière pour vous débarrasser de ce coffre.

- ❖ Peut-être que vous pouvez l'abandonner sur le chemin ou

que vous pouvez creuser un trou pour l'enterrer... Prenez le temps de visualiser, ressentez tout ce qu'il y a à ressentir, visualisez tout ce qu'il y a à voir, écoutez tout ce qu'il y a à entendre.

❖ Faites vos adieux à ce coffre, prononcez mentalement une phrase de séparation : je repars sans toi, ou tu resteras ici pour toujours...

❖ Faites demi-tour pour rentrer, quitter la forêt et retrouver votre foyer le cœur léger.

Faites une pause d'intégration pour ressentir la légèreté dans votre cœur.

> **La bulle**

Cet exercice de visualisation est une variante de la bulle de sécurité. Il permet de se protéger de tout ce qui perturbe provenant de l'extérieur.

❖ Fermez les yeux et visualisez une bulle. Imaginez-la de préférence lumineuse pour amplifier vos sensations de bien-être. Sa couleur et sa lumière sont rassurantes et apaisantes.

❖ Cette bulle vous entoure complètement, elle vous protège tout en gardant un lien avec le monde extérieur.

❖ Vous pouvez voir à travers cette bulle, elle permet de vous déplacer, mais elle ne laisse pas les pensées négatives entrer à l'intérieur.

❖ Une fois créée, elle restera de façon permanente tout autour de vous. Il suffit simplement de vous rappeler qu'elle est présente, qu'elle filtre les ondes négatives, et qu'elle laisse uniquement passer le positif.

- ❖ Imaginez-la bienveillante et conviviale. Si la bulle devient froide, recréez une nouvelle bulle plus lumineuse et plus colorée.

> **L'ordinateur**

- ❖ Mettez-vous debout de manière à bien garder votre équilibre et lorsque vous vous sentez bien et stable, vous pouvez fermer les yeux.

- ❖ Faites le vide dans votre tête et recentrez votre attention sur votre corps. Imaginez sa place entre le ciel et la terre. Vous êtes calme et serein.

- ❖ A chaque inspiration, vous vous chargez en positif et en énergie. Vous récupérez force et confiance.

- ❖ A chaque expiration, vous évacuez toutes les mauvaises

habitudes, tout ce qu'il y a de négatif en vous.

❖ Laissez les muscles se détendre complètement puis inspirez le plus d'air possible en gonflant votre ventre.

❖ Et vous soufflez doucement en laissant le ventre se dégonfler.

❖ Puis vous imaginez que votre cerveau est comme un ordinateur. Dans cet ordinateur, imaginez que vous puissiez ajouter des fichiers, des informations positives, des sensations agréables, des projections de réussite, toutes les informations positives que vous souhaitez.

Faites une pause d'intégration et prenez conscience que la négativité ne vous atteindra plus. Laissez ce programme positif s'installer dans votre cerveau.

➢ **Programmer la réussite**

Cet exercice permet d'augmenter la confiance en ses capacités et d'éliminer une bonne partie de ses craintes.

- ❖ Respirez calmement par le ventre pendant 2 minutes sur 3 temps à l'inspiration et sur 3 temps à l'expiration Et vous soufflez doucement en laissant le ventre se dégonfler.

- ❖ Puis, visualisez à l'avance la situation à venir en la vivant sous son angle le plus positif.

- ❖ Visualisez d'abord le lieu où elle se déroulera puis imaginez-vous parfaitement calme et détendu, confiant.

- ❖ Prenez le temps de visualiser la réussite.

- ❖ Inspirez profondément cette sensation de réussite, puis faites une tension douce de tout votre corps en serrant les poings et les mâchoires pendant quelques secondes afin que cette réussite s'imprime dans tous vos muscles, toutes les cellules de votre corps.

- ❖ Nourrissez-vous de tous ces sentiments positifs et soyez fier de ce succès.

- ❖ Puis soufflez et relâchez tous vos muscles et tout votre corps.

➢ **<u>La respiration en 7-5-9</u>**

Cet exercice rapide et efficace permet de se sentir mieux et de réguler le rythme cardiaque.

- ❖ En position allongée, vous fermez les yeux.

- ❖ Posez vos mains sur le ventre, et respirez profondément.

- ❖ Vous inspirez par le nez pendant 7 secondes en gonflant

votre ventre et vous imaginez que vous inspirez une belle énergie positive.

- ❖ Vous bloquez la respiration pendant 5 secondes.

- ❖ Vous soufflez par la bouche pendant 9 secondes et vous imaginez que vous diffusez cette énergie positive dans tout votre corps.

Prenez le temps d'accueillir sereinement toutes les sensations positives, la détente, l'apaisement, l'harmonisation des énergies à l'intérieur du corps.

Recommencez cette respiration 20 fois de suite.

BIEN DORMIR

Ces petits exercices ont pour objectif de relâcher le corps et l'esprit en se concentrant sur ses sensations corporelles ou sur sa respiration afin de faciliter l'endormissement.

➢ **Respiration 4-7-8**

Cet exercice permet de ralentir le rythme cardiaque et libère des composés dans le cerveau qui apaisent.

- ❖ Inspirez par le nez pendant 4 secondes, retenez votre respiration pendant 7 secondes et expirez par la bouche pendant 8 secondes.

Continuez cet exercice pendant 12 respirations et observez les sensations positives de détente qu'il procure. Reproduisez-le si nécessaire.

> **Respiration profonde**

Faites cet exercice en cas de difficulté à vous endormir ou bien en cas de réveil nocturne pour vous rendormir.

❖ Respirez profondément, et dites-vous à l'inspiration : « j'ai sommeil ».

❖ Ressentez les yeux qui piquent, l'envie de bailler, percevez le sommeil qui approche.

❖ Puis dites-vous à l'expiration : « je suis en train de m'endormir ».

Ressentez toutes les sensations relatives à l'endormissement et concentrez-vous uniquement sur votre respiration, apaisante et relaxante.

Répétez cet exercice 20 fois si l'endormissement n'a pas eu lieu avant…

> **Sophro-Respiration-Synchronique**

Cette respiration peut se pratiquer en 2 temps : Inspiration – Expiration, ou en 5 temps : Inspiration - Rétention - Tension douce - Expiration - Relaxation.

L'idéal est d'essayer les deux méthodes afin de trouver celle qui vous convient le mieux.

- <u>La Sophro Respiration Synchronique en 2 temps :</u>

❖ Inspirez profondément par le nez tout en visualisant l'endormissement, puis expirez doucement et lentement par la bouche en pensant à un mot comme « calme » ou « paisible ».

Pratiquez cette respiration pendant quelques minutes.

- <u>La Sophro Respiration Synchronique en 5 temps :</u>

❖ Inspirez profondément par le nez, bloquez la respiration en visualisant la nuit, faites une douce tension du corps puis expirez lentement par la bouche en pensant à un mot comme « plénitude » ou « récupérateur ».

Pratiquez cette respiration pendant quelques minutes.

> ➢ **Sophronisation de base**

Installez-vous confortablement dans votre lit, dans la position qui vous permet de vous endormir facilement.

Fermez les yeux et prenez le temps de ressentir tous les points de contact de votre corps contre le matelas, et de votre tête contre l'oreiller.

Ressentez les vêtements sur votre peau, la douceur des draps ou le moelleux de la couette.

Prenez un temps pour apaiser votre mental en laissant glisser les pensées, les préoccupations de la journée, les bruits extérieurs.

Recentrez-vous sur votre respiration, calme et tranquille. Laissez votre respiration devenir plus lente, plus profonde.

Prenez maintenant le temps de relâcher chaque partie de votre corps. Commencez par votre tête et votre visage.

Relâchez tous les muscles de votre visage, votre front, vos yeux, vos joues, vos mâchoires se desserrent. Ressentez votre tête et votre visage complètement détendus et relaxés.

Puis relâchez vos épaules, vos bras, vos mains, jusqu'au bout des doigts.

Imaginez que les tensions du haut de votre corps descendent le long de vos bras et s'évacuent par le bout des doigts.

Contemplez votre dos, laissez votre dos s'étaler et prendre toute la place nécessaire.

Chaque muscle, chaque vertèbre de votre dos se détend. Votre colonne vertébrale est souple, tout votre dos est parfaitement détendu.

Puis les tensions s'effacent dans votre cou et votre nuque.

La détente se diffuse dans votre cage thoracique. Votre rythme cardiaque est calme, tranquille et régulier.

Laissez maintenant votre abdomen se détendre, et ressentez les mouvements de votre ventre au rythme de votre respiration, toujours calme et tranquille.

Puis tout le bas de votre corps, vos cuisses, vos genoux, vos mollets et vos tibias jusqu'aux pieds sont totalement relâchés.

Imaginez toutes les tensions du bas du corps qui descendent le long des jambes et qui s'évacuent par le bout des pieds.

Tout votre corps est maintenant bien détendu et bien relâché. Prenez le temps de ressentir pleinement ce qui se passe dans votre corps.

Puis concentrez-vous sur le poids de votre corps. Sur les points de contact entre votre corps et le matelas.

Laissez tout votre corps se laisser aller à une agréable sensation de lourdeur.

Imaginez qu'à chaque expiration, votre corps s'enfonce de plus en plus dans le matelas.

Percevez à chaque expiration votre corps de plus en plus lourd, une agréable lourdeur, comme s'il s'enfonçait dans un cocon protecteur.

Prononcez mentalement deux mots synonymes de sommeil : « dormir », « repos », « calme » ou « sommeil » ...

Prononcez un mot sur l'inspiration puis un mot sur l'expiration, jusqu'à ce que vous vous endormiez paisiblement.

> ## **Visualisation positive : Lieu ressource**

Le fait de concentrer toutes ses pensées positives sur un lieu agréable, permet de se détendre profondément.

Le corps ne fait pas la différence entre les projections du mental réelles ou irréelles, alors développez cette pensée positive pour vous relaxer en profondeur.

Visualisez un lieu de détente à travers les cinq sens. Respirez calmement, laissez venir à vous l'image d'un paysage qui vous apaise, peut-être que c'est la plage, la campagne, la montagne, une dune de sable...

Eveil de la vue : Une fois votre paysage de bien-être choisi, observez tous les détails du décor. Les couleurs, les reliefs, les formes du paysage, prenez ce temps pour bien visualiser tous les détails à partir de ce cadre posé à l'intérieur de vous.

Eveil de l'ouïe : Imaginez entendre tous les bruits, le vent frais, le chant des oiseaux, une musique qui ressource, éveillez les sens.

Eveil de l'odorat : Imaginez sentir une odeur très agréable, peut-être l'ambre solaire, peut-être une odeur de fleurs, inspirez profondément pour intégrer ces parfums, remplissez-vous de cette odeur agréable, et emplissez-vous de bien-être.

Eveil du toucher : Imaginez toucher quelque chose de très doux, peut-être un galet, peut-être du sable, peut-être de l'herbe, quelque chose qui apaise, qui permet de se reconnecter avec le sens du toucher.

Eveil du goût : Et maintenant, imaginez le goût de votre boisson préférée, ressentez ce goût agréable, son odeur, les sensations dans la bouche, sur la langue.

Puis visualisez-vous dans ce lieu ressource, faites tout ce que vous voulez dans ce magnifique paysage à partir du moment où vous vous sentez calme, détendu et relâché. Vous pouvez marcher, courir, nager, vous allonger, profitez de ces instants de détente.

> **<u>Relaxation</u>**

- ❖ Les yeux fermés, ressentez tous vos points d'appui.

- ❖ Vous sentez votre corps devenir lourd.

- ❖ Respirez de plus en plus profondément, votre corps devient plus lourd à chaque respiration.

- ❖ Inspirez doucement et sentez votre ventre se soulever, le diaphragme se dilater, et l'air envahir vos poumons.

- ❖ Expirez en relâchant vos muscles, sentez l'affaissement de tout votre corps.

- ❖ Inspirez de nouveau en observant les mouvements de votre corps et soufflez doucement. La relaxation se fait de plus en plus intense à chaque expiration.

- ❖ Reprenez votre respiration naturelle en portant attention aux sensations qui ont changé durant l'exercice.

- ❖ Les paupières sont détendues, le front est relâché, la mâchoire décrispée.

- ❖ Les bras sont complètement détendus, ressentez la pesanteur qui les envahit, le relâchement gagne les poignets, puis les mains.

- ❖ Visitez votre corps. Les épaules sont relaxées, la détente se diffuse dans tout le dos : les omoplates, les vertèbres, la colonne vertébrale, la région lombaire.

- ❖ Inspirez... expirez... sentez les mouvements de votre ventre qui se relâche, les organes bien à leurs places occupent tout l'espace.

- ❖ Sentez le bien-être envahir vos jambes et se diffuser dans votre corps, vous vous sentez bien… calme… détendu.

- ❖ Imaginez les muscles de vos cuisses, de vos mollets devenir de plus en plus lourds. Relâchez vos chevilles puis les pieds.

Savourez la détente de votre corps et voyez comme la relaxation gagne votre esprit.

➢ **<u>Les voies respiratoires</u>**

- ❖ Avec vos pouces, bouchez vos oreilles… Avec vos index, fermez vos yeux… Placez vos majeurs afin de boucher vos narines…

- ❖ Inspirez par la bouche et retenez l'air dans vos poumons.

- ❖ Soufflez dans vos narines bouchées pour faire légèrement monter la pression.

- ❖ Relâchez vos bras et expirez par le nez…

- ❖ Respirez normalement et doucement.

- ❖ Observez les sensations ressenties dans votre nez… dans votre bouche…

- ❖ Prenez conscience du chemin de l'air dans vos voies respiratoires…

- ❖ Faites une pause de totalisation pour laisser le temps au corps d'intégrer tous les bénéfices de l'exercice.

Recommencez plusieurs fois cet enchaînement.

> **Passez vos sens en revue**

Grâce à cet exercice, vous focalisez toute votre attention sur vos sens et non ce qui vous préoccupe.

- ❖ Installez-vous confortablement, inspirez profondément comme pour faire venir à vous une odeur que vous appréciez. Les odeurs fortes sont plus faciles à ressentir, comme l'odeur de la menthe par exemple. Imaginez cette odeur entrer par le nez et parcourir tout votre corps.

- ❖ Puis associez une couleur liée à cette odeur, comme le vert pour la menthe. Faites apparaître cette couleur devant vous. À son tour, cette couleur passe par vos narines pour envahir un peu plus votre corps à chaque respiration.

- ❖ Et maintenant ajoutez le goût en inspirant par la bouche. Sentez le goût se diffuser et se propager dans la gorge.

- ❖ Imaginez ensuite un son, juste une note, comme par exemple le son d'une clochette ou d'un gong. Entendez la résonnance de cette note. Prenez le temps de l'écouter jusqu'au bout.

❖ Imaginez-vous ensuite en haut d'une colline et ressentez les différents vents sur votre peau. Certains souffles sont frais, d'autres plus chauds.

Prenez le temps de ressentir toutes les sensations, certaines sont plus faciles que d'autres et au fil du temps, votre capacité à les ressentir va se développer de plus en plus.

➤ **Endormissement du corps**

❖ Fermez les yeux… Relâchez vos muscles… Laissez-vous aller…

❖ Imaginez votre front qui se repose complètement, qui se relâche totalement et qui s'endort profondément.

❖ Puis vos paupières qui se reposent complètement, qui se

relâchent totalement et qui s'endorment profondément.

- ❖ Vos joues et vos tempes se reposent complètement, se relâchent totalement et s'endorment profondément.

- ❖ Vos mâchoires se reposent complètement, se relâchent totalement et s'endorment profondément.

- ❖ Votre visage, votre tête se reposent complètement, se relâchent totalement et s'endorment profondément.

- ❖ Votre cou, votre nuque et vos épaules se reposent complètement, se relâchent totalement et s'endorment profondément.

- ❖ Ressentez cette détente qui s'installe peu à peu, respirez tranquillement.

- ❖ Visualisez votre dos qui se repose complètement, qui se relâche totalement et qui s'endort profondément. Sentez le relâchement se propager.

- ❖ Votre thorax et votre ventre se reposent complètement, se relâchent totalement et s'endorment profondément.

- ❖ Vos bras, vos mains, sentez le bout de vos doigts se reposent complètement, se relâchent totalement et s'endorment profondément.

- ❖ Les fessiers, les cuisses, les mollets, les pieds se reposent complètement, se relâchent totalement et s'endorment profondément.

- ❖ Tout votre corps est détendu, il se repose complètement, se relâche totalement et s'endort profondément.

TROUVER L'EQUILIBRE

Ces petits exercices ont pour objectif de se rééquilibrer, de trouver ou retrouver le calme et la paix intérieure.

➢ **Reconnexion avec soi-même**

Cet exercice permet de se recentrer sur soi-même et de se réaligner sur son chemin de vie.

❖ Fermez les yeux et imaginez-vous dans votre lieu refuge. Vous l'observez, vous écoutez les sons provenant de cet endroit, vous vous installez confortablement dans cet endroit et vous vous détendez de plus en plus profondément.

❖ Laissez toute la négativité s'échapper, visualisez une lumière blanche venue du ciel et qui entre en vous.

❖ Imaginez maintenant que cette lumière brille au niveau de

votre cœur. Elle s'étend jusqu'à englober tout votre corps comme une aura protectrice.

- ❖ Faites une petite pause d'intégration et sentez cette lumière vous protéger.

- ❖ Comptez mentalement jusqu'à vingt. A chaque chiffre, vous laissez votre conscience s'élever pour recevoir les informations de votre moi profond.

- ❖ 1... Commencez à vous élever... 2... 3... 4... Vous allez de plus en plus haut... 5... 6... 7... Accueillez les informations qui se présentent à vous... 8... 9... 10... Vous êtes à la moitié du chemin... 11... 12... 13... Sentez comme vous continuez de vous élever... de plus en plus haut... 14... 15... 16... Vous êtes presque arrivé... 17... 18... 19... 20... Vous y êtes...

- ❖ Faites une pause de totalisation, ne cherchez pas à voir quelque chose en particulier, reconnectez-vous à vous-même, à votre moi profond, soyez attentif aux sensations.

- ❖ Demandez à votre moi profond les informations utiles à votre réalisation : Quelle est votre mission dans la vie ? Comment résoudre une situation ? une question sur votre futur...

- ❖ Faites une pause d'intégration et acceptez les réponses sous toutes leurs formes : images, sons, émotions... Pensez à votre question et écoutez maintenant votre moi profond. Laissez-le vous donner toutes les informations qui pourraient améliorer votre quotidien et votre vie en général.

- ❖ Puis quand vous le souhaitez, vous décomptez de 20 à 1, vous inspirez profondément et vous ouvrez les yeux.

> **Le temple intérieur**

Cet exercice de visualisation permet également de se recentrer sur soi-même.

❖ A chaque inspiration, vous inspirez toutes les qualités dont vous avez besoin…

❖ À chaque expiration, vous expirez toutes les qualités dont vous n'avez plus besoin…

❖ Détendez-vous encore plus profondément.

❖ Amenez votre conscience au niveau de vos pieds en contact avec le sol, la terre. Imaginez un faisceau d'énergie qui vous traverse de part en part et vous ancre jusqu'au fond de la terre.

❖ Ressentez l'énergie de la terre qui inonde votre cœur. Le

faisceau d'énergie monte progressivement vers le ciel. Vous êtes totalement connecté entre le ciel et la terre.

- ❖ Ramenez votre conscience dans votre cœur. Retrouvez votre lieu refuge. Prêtez attention à ce que vous voyez dans ce lieu.

- ❖ Imaginez-vous cheminant vers ce temple. Vous entrez dans ce temple. Imprégnez-vous de l'atmosphère qui y règne, ce que vous ressentez en étant dans cet endroit.

- ❖ Vous trouverez à l'intérieur de ce temple les objets qui ont une signification pour vous. Vous prenez un temps pour vous ressourcer dans ce temple sacré. C'est votre temple.

- ❖ Profitez de ce moment de calme et de tranquillité.

- ❖ Et maintenant, dirigez-vous vers une petite porte dans ce temple. Cette porte s'ouvre sur un jardin. Vous sortez dans le jardin et vous apercevez un petit chemin au fond de ce jardin.

❖ Vous empruntez ce chemin qui passe par une forêt. Vous continuez à avancer et vous arrivez dans une clairière.

❖ Dans cette clairière, il y a un arbre, un arbre majestueux et magnifique.

❖ Vous vous approchez et vous apercevez une silhouette. Vous vous approchez encore et vous distinguez un peu plus la silhouette assise au pied de l'arbre.

❖ C'est un sage, il sourit. Il s'agit de votre sage intérieur. Asseyez-vous près de lui et écoutez ce qu'il a à vous dire.

❖ Avez-vous des questions à lui poser ? Demandez-lui… Écoutez ses réponses... Faites une pause de totalisation. A t-il un dernier message pour vous ? Profitez de sa compagnie avant de repartir. Vous le remerciez et vous retournez au temple sacré.

❖ Une fois dans le temple, vous allumez une bougie. Vous admirez la flamme qui danse et qui vacille. Cette bougie veille sur ce lieu, vous l'observez puis vous retournez dans votre lieu de refuge.

❖ Reprenez contact avec votre respiration, vous-même et prenez conscience que vous pourrez retourner voir votre temple et votre sage intérieur à chaque fois que vous en aurez besoin.

❖ Vous inspirez profondément, vous soufflez complètement, et à votre rythme vous pouvez ouvrir les yeux.

> ## **Les 4 éléments**

C'est un exercice d'harmonisation intérieur, un chemin vers la méditation.

- ❖ Installez-vous confortablement et fermez les yeux.

- ❖ Imaginez que votre corps est directement posé sur le sol, dans un jardin, en forêt ou sur une plage.

- ❖ Vous êtes allongé dans un endroit où la terre est présente. Vous touchez la terre avec vos mains, vous ressentez sa texture, son humidité.

- ❖ Votre corps est en contact avec la terre. Ressentez l'énergie venue du centre de la terre imprégner votre corps.

- ❖ Ressentez sa force, son équilibre, sa sérénité. Elle vous offre toutes ses vertus pour vous reconstruire et vous recentrer.

- ❖ Restez quelques instants en contact avec la terre.

- ❖ Puis vous sentez une goutte d'eau, puis une deuxième, et une troisième… Une pluie tiède touche votre visage et se répand sur tout votre corps.

- ❖ Percevez l'eau ruisseler et vous rafraîchir. La pluie s'intensifie jusqu'à former un lac tout autour de vous.

- ❖ Vous nagez dans ce lac comme un poisson ou une sirène. L'eau vous transmet sa fluidité, sa souplesse, sa douceur.

- ❖ Faites une pause d'intégration en continuant de nager encore quelques instants dans l'eau.

- ❖ Vous nagez vers le bord du lac, vous sortez de l'eau et vous sentez une légère brise qui se lève.

- ❖ Ce vent sèche votre corps, vous le sentez dans vos cheveux, il apporte avec lui le parfum de la terre, il vous apporte sa légèreté.

- ❖ Il vous donne envie de liberté, de voyager, de vous dire que tout est possible.

- ❖ Faites une pause d'intégration et restez quelques instants en contact avec le vent.

- ❖ Et maintenant, ramassez quelques morceaux de bois et allumez un feu. Un feu à la chaleur agréable qui éclaire la nuit et qui vous réchauffe.

- ❖ Visualisez cette présence dans la nuit, une présence joyeuse et lumineuse.

❖ Regardez les flammes, elles vous appellent au calme et à la méditation.

❖ Faites une pause d'intégration, restez quelques instants près du feu, assis sur la terre, au bord de l'eau, écoutant le son du vent.

❖ Ressentez votre fatigue et votre découragement disparaître.

➢ **<u>Solide et Souple</u>**

Solide comme un arbre et souple comme un roseau...

❖ En position debout, les pieds écartés de la largeur du bassin, les genoux légèrement pliés, la tête droite dans le prolongement de la colonne vertébrale, vous respirez tranquillement et vous pouvez fermer les yeux.

- ❖ Vous vous balancez de gauche à droite et de droite à gauche, en laissant vos pieds bien à plat sur le sol.

- ❖ Le corps reste complètement souple, vous pouvez faire des cercles plus ou moins grands avec votre bassin, dans un sens puis dans l'autre, toujours en laissant les pieds bien ancrés au sol.

- ❖ Vous pensez toujours aux mots « solide » et « souple » et vous continuez de faire des cercles avec votre bassin, plus ou moins grands.

- ❖ Ressentez votre ancrage et en même temps votre souplesse.

Dans votre quotidien, lorsque vous êtes debout, ressentez bien votre ancrage au sol et balancez-vous tranquillement, même de façon imperceptible, en vous répétant mentalement « solide et souple ».

> **Nettoyage par le souffle**

Cet exercice permet de se libérer de toutes les sensations négatives, tout ce qui perturbe, toutes les tensions, les angoisses.

❖ Installez-vous dans la position de votre choix et fermez les yeux.

❖ Prenez conscience de la position de votre corps et de son équilibre.

❖ Prenez conscience de votre respiration, du trajet de l'air dans votre corps.

❖ Prenez une respiration plus abdominale. Gonflez le ventre à l'inspiration et dégonflez le ventre à l'expiration.

❖ Préparez-vous maintenant à inspirer et à diriger votre souffle vers les différentes parties de votre corps.

- ❖ Prenez conscience de votre tête, de votre visage, vous inspirez et vous soufflez en laissant le visage se détendre.

- ❖ Recommencez pour le faire 3 fois au total.

- ❖ Inspirez et envoyez le souffle dans votre tête, comme pour nettoyer votre cerveau et le libérer de toutes ses pressions.

- ❖ Recommencez pour le faire 3 fois au total.

- ❖ Inspirez et envoyez le souffle sur votre nuque et votre cou pour libérer toute cette zone des tensions accumulées.

- ❖ Recommencez 2 fois.

- ❖ Inspirez et soufflez sur les épaules qui se relâchent.

- ❖ Recommencez 2 fois.

- ❖ Inspirez et soufflez maintenant sur un bras, celui que vous voulez, pour le nettoyer jusqu'au bout des doigts.

- ❖ Recommencez pour le faire 3 fois au total.

- ❖ Faites la même chose sur l'autre bras, vous inspirez, vous soufflez, et vous recommencez.

- ❖ Inspirez puis envoyez l'air dans votre thorax afin de nettoyer les poumons et le cœur.

- ❖ Recommencez 2 fois.

- ❖ Inspirez et nettoyez maintenant votre abdomen, les muscles abdominaux, les organes de digestion.

- ❖ Recommencez encore 2 fois.

- ❖ Inspirez et envoyez votre souffle en direction de votre dos, de la colonne vertébrale qui s'assouplie.

- ❖ Recommencez 2 fois.

- ❖ Inspirez et dirigez votre souffle vers votre bassin et laissez les muscles fessiers se relâcher.

- ❖ Recommencez 2 fois.

- ❖ Inspirez et soufflez maintenant sur une jambe, celle que vous voulez, pour la nettoyer jusqu'au bout des pieds, des orteils.

- ❖ Recommencez pour le faire 3 fois au total.

- ❖ Faites la même chose sur l'autre jambe, vous inspirez, vous soufflez et vous le faites encore 2 fois.

- ❖ Et pour terminer vous prenez une grande inspiration et vous soufflez lentement en laissant votre souffle se diriger de la tête jusqu'au bout des pieds.

- ❖ Recommencez pour le faire 3 fois au total.

Faites une pause d'intégration et percevez votre corps nettoyé par votre souffle, accueillez toutes les sensations positives.

> **La Sophro-contemplation**

- ❖ Mettez-vous en position assise, le dos droit, les épaules relâchées, les mains sur les cuisses et les yeux fermés.

- ❖ Imaginez maintenant un élément virtuel, visualisez sa forme, sa taille, sa couleur, sa texture, son odeur…

- ❖ Invitez cet élément en vous et devenez maintenant l'objet de l'observation.

- ❖ Détaillez ce corps imaginé devenu le vôtre.

Accueillez toutes les sensations qui viennent à vous.

> ### **Vivre son corps en couleur**

Cet exercice permet de s'imprégner de l'énergie d'une ou plusieurs couleurs pour se dynamiser ou se détendre.

❖ Mettez-vous en position debout ou assise et fermez les yeux.

❖ Vous relâchez votre visage, votre cou, vos épaules, vos bras, votre thorax, votre abdomen et tout le bas de votre corps.

❖ Vous respirez tranquillement et profondément.

❖ Vous laissez venir à vous une ou plusieurs couleurs et vous la diffusez dans chaque région de votre corps, comme si vous vouliez redécorer l'intérieur de votre corps-maison.

- ❖ Et maintenant vous vous concentrez sur votre tête et votre visage. Et vous laissez venir une couleur qui vous va bien, qui vous inspire, qui vous fait du bien. Vous inspirez cette couleur et vous la soufflez dans votre tête. Vous la laissez se diffuser et colorer vos idées.

- ❖ Puis vous portez votre attention sur votre cou et votre gorge. Vous inspirez la même couleur ou bien une autre couleur que vous soufflez dans votre gorge.

- ❖ Vous poursuivez en inspirant la couleur et vous la soufflez dans vos épaules, vos mains, jusqu'au bout des doigts.

- ❖ Puis de nouveau vous inspirez une couleur et vous la soufflez dans votre cage thoracique, vous la laissez colorer votre cœur et vos poumons.

- ❖ Vous continuez en inspirant et en soufflant la couleur dans votre ventre.

- ❖ Inspirez la couleur et soufflez la dans votre bassin.

- ❖ Vous continuez en inspirant et en soufflant la couleur dans vos jambes, vos pieds, jusqu'au bout des pieds.

- ❖ Laissez toutes ces couleurs se diffuser dans votre corps, se mélanger, ressentez l'énergie positive se diffuser.

- ❖ Puis vous prenez une grande et profonde inspiration et vous soufflez complètement.

- ❖ Une deuxième fois, vous inspirez profondément et vous soufflez complètement.

Laissez passer quelques instants pour accueillir toutes les sensations positives liées à l'énergie des couleurs.

➢ **Le mouvement des mains**

- ❖ Mettez-vous en position assise.

- ❖ Levez-vos bras à l'horizontal.

- ❖ Inspirez en levant vos doigts vers le haut.

- ❖ Soufflez en baissant vos doigts vers le sol.

- ❖ Concentrez-vous sur votre respiration ainsi que sur le mouvement de vos mains.

Faites cet exercice pendant 2 à 3 minutes.

➢ **Le mouvement des mains en comptant (variante)**

Vous pouvez compter en levant les mains et en les abaissant :

- ❖ Inspirez par le nez, levez les doigts vers le haut en comptant jusqu'à 4.

- ❖ Soufflez par la bouche en baissant les doigts vers le sol jusqu'à 8.

- ❖ Remettez les mains à l'horizontal en suspendant la respiration.

Faites cet exercice pendant 2 à 3 minutes.

> ### **Prana**

- ❖ Mettez-vous en position debout.

- ❖ Inspirez par le nez en tendant vos bras à l'horizontal devant vous et en gardant les mains ouvertes.

- ❖ Retenez l'air dans vos poumons en contractant légèrement vos avant-bras afin de ramener vos mains vers votre poitrine.

- ❖ Relâchez vos bras, laissez-les retomber le long de votre corps et expirez par la bouche.

- ❖ Reprenez votre respiration naturelle et faites une pause d'intégration en observant les sensations dans vos bras et vos mains. Prenez conscience de vos mains ; de vos bras.

Recommencez 2 fois.